AF205503

Impressum
Verlag: BABADADA GmbH, Nedderfeld 112 , 22529 Hamburg
Geschäftsführer / Verlagsleitung: Harald Hof
Druck: Books on Demand GmbH, In de Tarpen 42, 22848 Norderstedt

Imprint
Publisher: BABADADA GmbH, Nedderfeld 112 , 22529 Hamburg, Germany
Managing Director / Publishing direction: Harald Hof
Print: Books on Demand GmbH, In de Tarpen 42, 22848 Norderstedt

sekolah
escola

ruang kelas
sala de aulas

membagi
dividir

186/2

papan
quadro

halaman sekolah
pátio da escola

guru
professor

kertas
papel

menulis
escrever

pena
caneta

meja kerja
escrivaninha

penggaris
régua

buku
livro

murit
aluno

tas sekolah
sacola

tempat pensil
estojo de lápis

pensil
lápis

pengasah pensil
apontador de lápis

penghapus
borracha

kertas gambar
bloco de desenho

gambar

desenho

kuas

pincel

kotak cat

estojo de tintas

gunting

tesoura

lem

cola

buku latihan

livro de exercícios

pekerjaan rumah

lição de casa

angka

número

tambhakan

somar

mengurangi

subtrair

mengalikan

multiplicar

menghitung

calcular

huruf

letra

alfabet

alfabeto

kata

palavra

teks

texto

membaca

ler

kapur

giz

pelajaran

hora

daftar

registro da classe

ujian

exame

sertifikat

certificado

seragam sekolah

uniforme escolar

pendidikan

educação

ensiklopedi

enciclopédia

universitas

universidade

mikroskop

microscópio

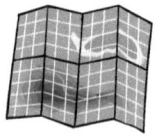

peta

mapa

tempat sampah

cesto de lixo

sekolah - escola

perjalanan
viagem

hotel
hotel
Grand
hostel
albergue
ROOMS
kantor pertukaran mata uang
casa de câmbio
EXCHANGE
koper
mala
mobil
carro

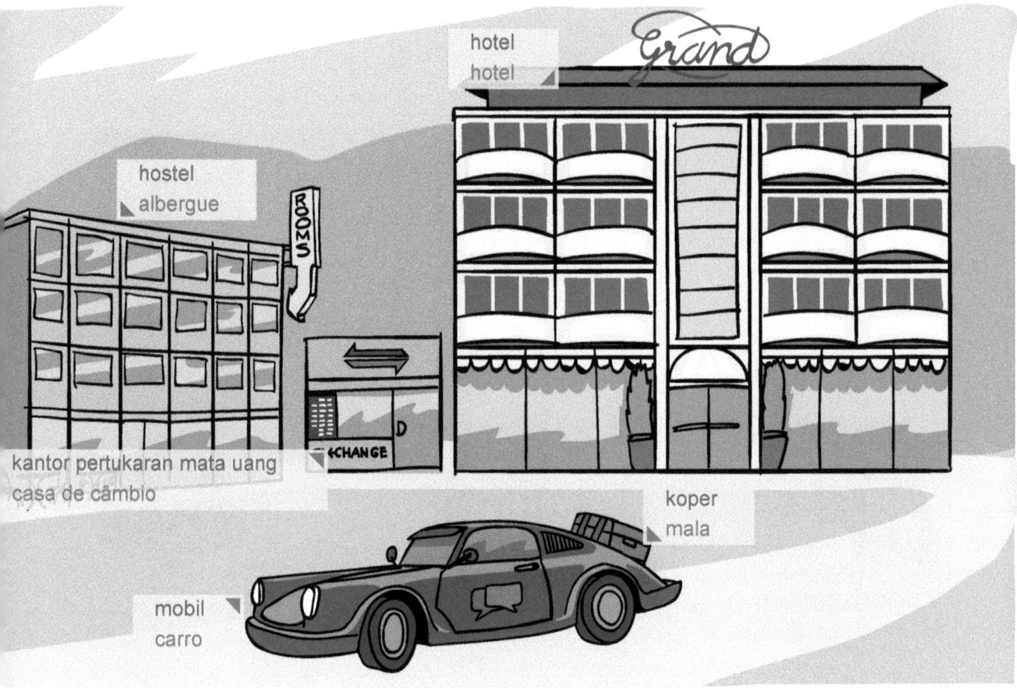

bahasa

idioma

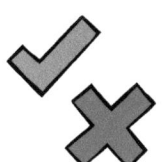

ya / tidak

sim / não

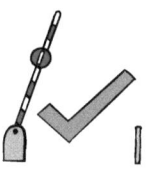

okay

ok

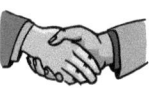

hallo

Olá

penerjemah

tradutor

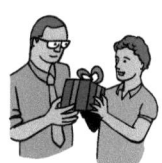

terima kasih

obrigado

Berapa harganya...?

quanto custa...?

saya tidak mengerti

eu não entendo

masalah

problema

Selamat malam!

boa noite!

Selamat siang!

Bom dia!

Selamat tidur!

Boa noite!

sampai jumpa

até logo

arah

direção

bagasi

bagagem

tas

bolsa

ransel

mochila

tamu

convidado

ruang

quarto

kantong tidur

saco de dormir

tenda

barraca

informasi wisata	pantai	kartu kredit
informação turística	praia	cartão de crédito

sarapan	makan siang	makan malam
café da manhã	almoço	jantar

tiket	elevator	perangko
bilhete	elevador	selo

perbatasan	cukai	kedutaan
fronteira	alfândega	embaixada

visa	paspor	
visto	passaporte	

transportasi
transporte

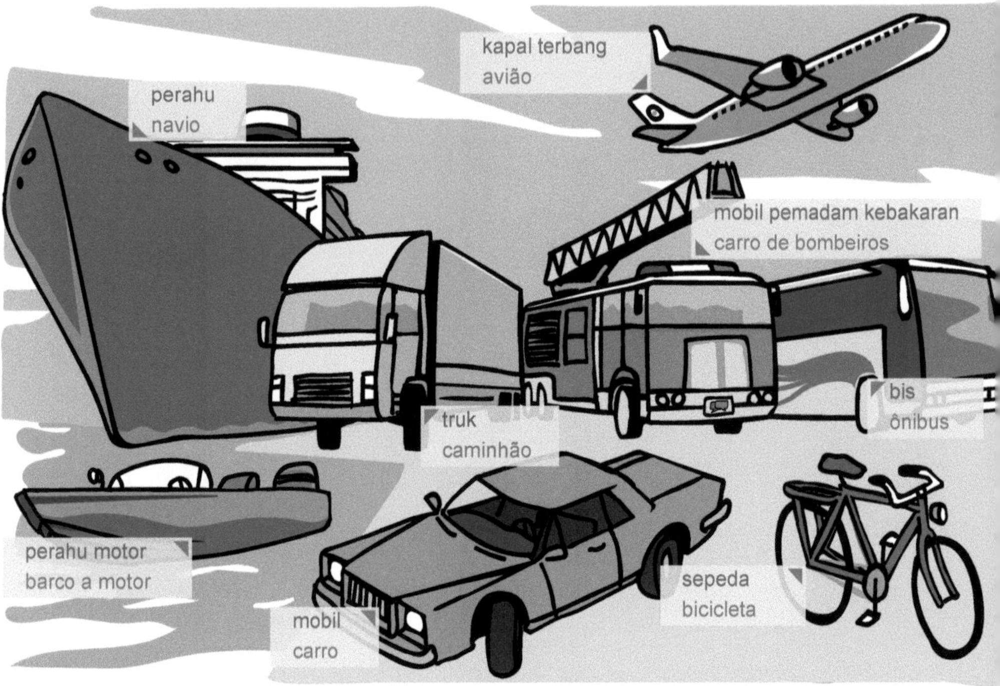
kapal terbang
avião
perahu
navio
mobil pemadam kebakaran
carro de bombeiros
truk
caminhão
bis
ônibus
perahu motor
barco a motor
sepeda
bicicleta
mobil
carro

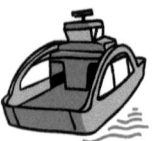

feri

balsa

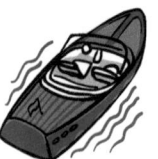

perahu

barco

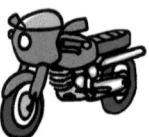

sepeda motor

motocicleta

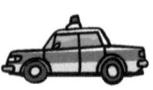

mobil polisi

veículo policial

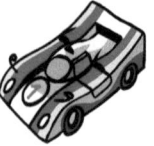

mobil balapan

carro de corrida

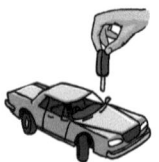

mobil sewa

carro de aluguel

berbagi mobil

compartilhamento de automóvel

truk derek

caminhão de reboque

truk sampah

caminhão de lixo

motor

motor

bahan bakar

combustível

bensin

posto de gasolina

tanda lalulintas

placa de trânsito

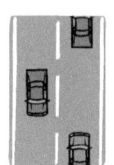

lalulintas

trânsito

macet

trânsito lento

parkir mobil

estacionamento

stasiun kereta

estação de trem

trek

trilhos

kereta api

trem

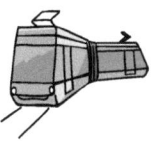

tram

bonde

gerobak

vagão

helikopter

helicóptero

bendara

aeroporto

menara

torre

penumpang

passageiro

container

contêiner

karton

cartolina

troli

carroça

keranjang

cesto

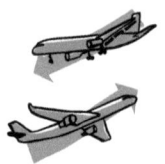

berangkat / mendarat

decolar / pousar

kota

cidade

desa

vilarejo

pusat kota

centro da cidade

rumah

casa

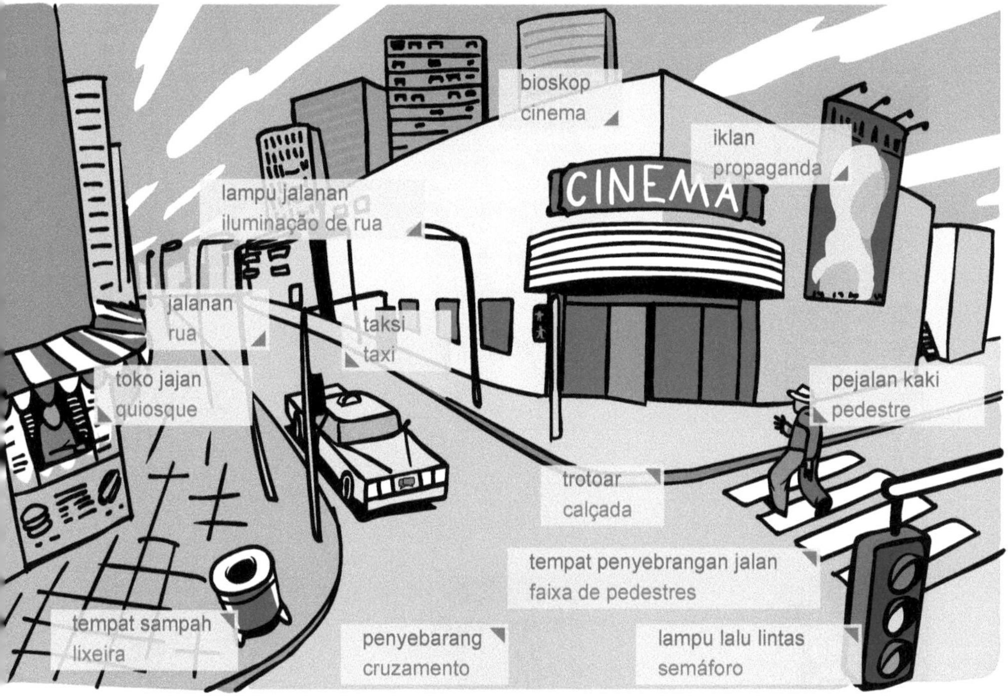

bioskop
cinema

iklan
propaganda

lampu jalanan
iluminação de rua

CINEMA

jalanan
rua

taksi
taxi

toko jajan
quiosque

pejalan kaki
pedestre

trotoar
calçada

tempat penyebrangan jalan
faixa de pedestres

tempat sampah
lixeira

penyebarang
cruzamento

lampu lalu lintas
semáforo

gubuk

cabana

rumah flat

apartamento

stasiun kereta

estação de trem

balai kota

prefeitura

museum

museu

sekolah

escola

universitas

universidade

bank

banco

rumah sakit

hospital

hotel

hotel

farmasi

farmácia

kantor

escritório

toko buku

livraria

toko

loja

toko bunga

floricultura

supermarket

supermercado

pasar

mercado

toko serba ada

loja de departamentos

nelayan

peixaria

pusat belanja

centro comercial

pelabuhan

porto

taman

parque

banku

banco

jembatan

ponte

tangga

escadas

kereta bawah tanah

metrô

terowongan

túnel

pemberhantian bis

ponto de ônibus

bar

bar

restauran

restaurante

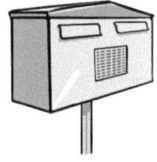

kotak surat

caixa de correspondência

tanda jalan

placa de rua

meteran parkir

parquímetro

kebun binatang

zoológico

kolam renang

piscina

mesjid

mesquita

pertanian

fazenda

polusi

poluição

kuburan

cemitério

gereja

igreja

tempat bermain

parquinho

pura

templo

pemandangan
paisagem

daun
folha

penunjuk arah
placa de sinalização

jalanan
caminho

padang rumput
gramado

batu
pedra

pejalak kaki
caminhantes

pohon
árvore

sungai
rio

rumput
grama

bunga
flor

lembah

vale

bukit

montanha

danau

lago

hutan

floresta

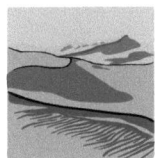

padang gurun

deserto

gunung berapi

vulcão

istana

castelo

pelangi

arco-íris

jamur

cogumelo

pohon palem

palmeira

nyamuk

mosquito

lalat

mosca

semut

formiga

lebah

abelha

laba-laba

aranha

kumbang

besouro

kodok

sapo

tupai

esquilo

landak

ouriço

kelinci

lebre

burung hantu

coruja

burung

pássaro

angsa

cisne

babi jantan

javali

rusa

veado

rusa

alce

bendungan

barragem

turbin angin

aerogerador

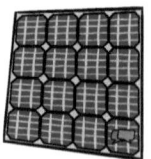

panel surya

painel solar

iklim

clima

restauran
restaurante

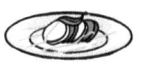

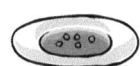

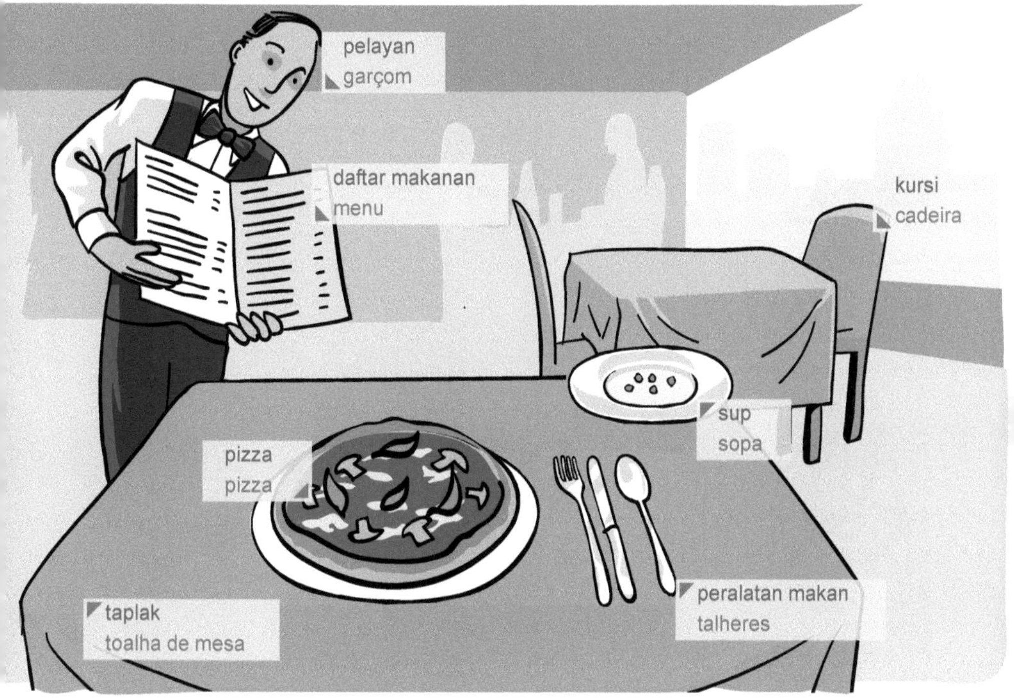
pelayan
garçom
daftar makanan
menu
kursi
cadeira
sup
sopa
pizza
pizza
peralatan makan
talheres
taplak
toalha de mesa

hindangan pembuka
entrada

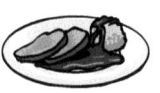

hidangan utama
prato principal

hidangan penutup
sobremesa

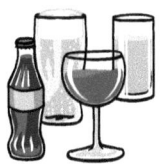

minuman
bebidas

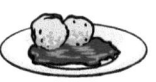

makanan
comida

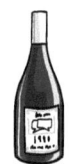

botol
garrafa

fastfood

fastfood

masakan jalanan

comida de rua

teko teh

bule de chá

kaleng gula

açucareiro

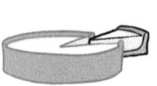

porsi

porção

mesin espresso

máquina de expresso

kursi tinggi

cadeirão

tagihan

conta

baki

bandeja

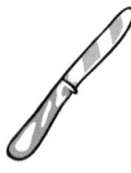

pisau

faca

garpu

garfo

sendok

colher

sendok teh

colher de chá

serbet

guardanapo

gelas

copo

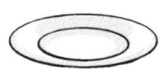

piring

prato

piring sup

prato de sopa

lepek

pires

saus

molho

tempat garam

saleiro

gilingan merica

moedor de pimenta

cuka

vinagre

minyak

óleo

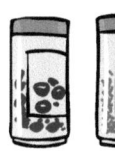

bumbu

especiarias

saus tomat

ketchup

mustar

mostarda

mayones

maionese

supermarket
supermercado

penawaran khusus
oferta especial
klien
cliente
produk susu
laticínios
buah
frutas
troli
carrinho de compras
FOR

BUTCHERS

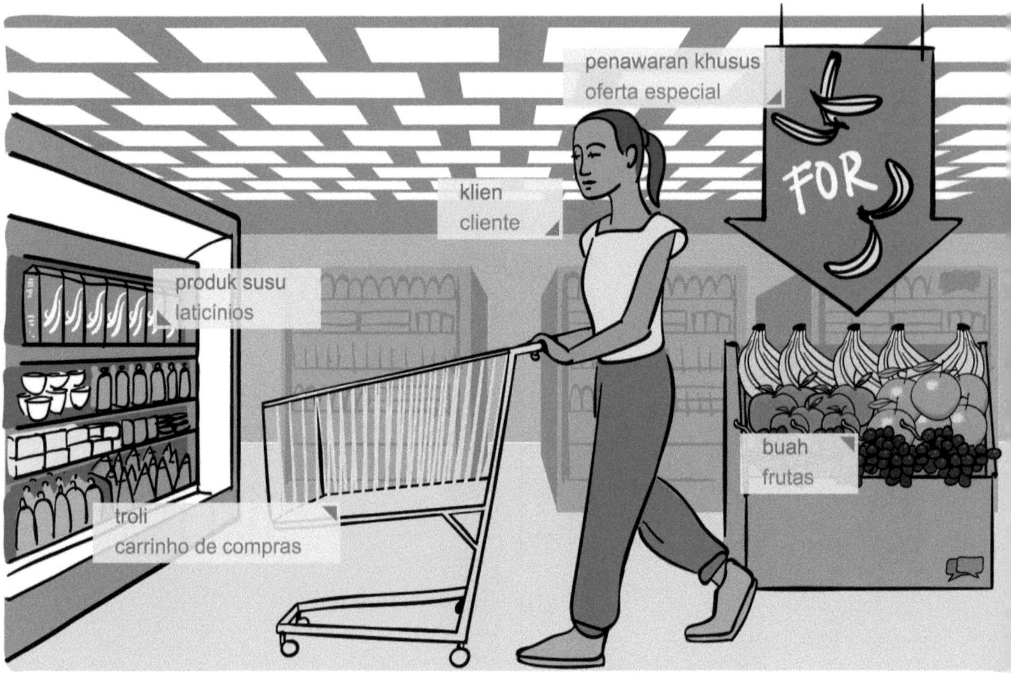

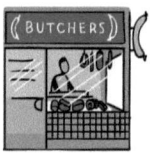

pembantai

açougue

BAKERY

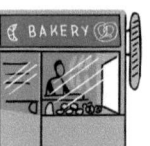

toko roti

padaria

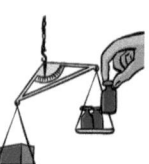

menimbang

pesar

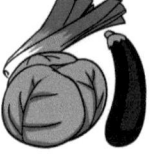

sayur

legumes

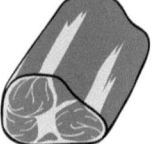

daging

carne

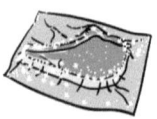

makanan beku

congelados

pemotongan dingin

charcutaria

makanan kaleng

conservas

sabun serbuk

detergente em pó

permen

doces

alat-alat rumah tangga

artigos domésticos

obat pembersihan

produtos de limpeza

penjual

vendedora

kasa

caixa

kasir

caixa

daftar belanja

lista de compras

jam buka

horário de funcionamento

dompet

carteira

kartu kredit

cartão de crédito

tas

sacola

kantong plastik

saco plástico

air

água

jus

suco

susu

leite

cola

coca-cola

anggur

vinho

bir

cerveja

alkohol

álcool

coklat

cacau

teh

chá

kopi

café

espresso

expresso

cappucino

cappuccino

pisang
banana

apel
maçã

jeruk
laranja

semangka
melão

jeruk lemon
limão

wortel
cenoura

bawang putih
alho

bambu
bambu

bawang bombai
cebola

jamur
cogumelo

kacang
nozes

mi
macarrão

spagetti

espaguete

nasi

arroz

salat

salada

kentang goreng

batatas fritas

kentang goreng

batatas frias

pizza

pizza

hamburger

hambúrger

sandwich

sanduíche

sayatan

escalope

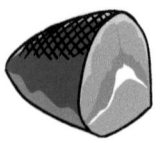

ham

presunto

salami

salame

sosis

salsicha

ayam

galinha

menggoreng

assado

ikan

peixe

bubur gandum

flocos de aveia

sereal

granola

cornflakes

flocos de milho

tepung

farinha

croissant

croissant

roti

pãozinho

roti

pão

toast

torrada

biskuit

biscoitos

mentega

manteiga

dadih

requeijão

kue

bolo

telur

ovo

telur goreng

ovo frito

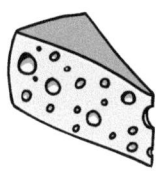

keju

queijo

eskrim

sorvete

gula

açúcar

madu

mel

selai

geleia

krim nugat

creme de avelãs

kare

curry

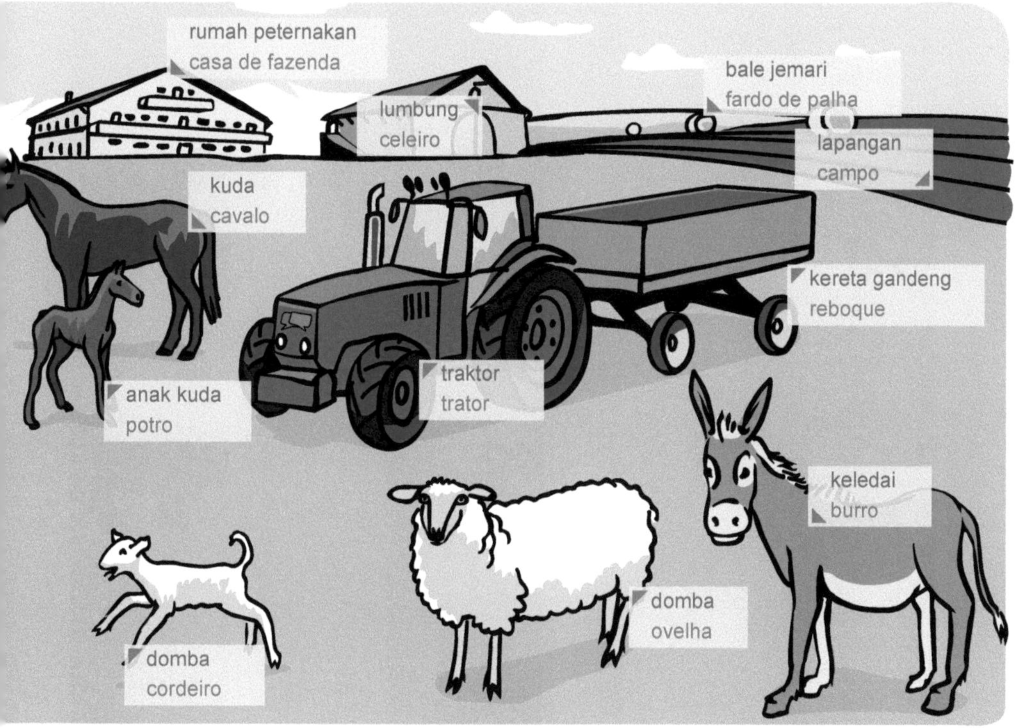

rumah peternakan
casa de fazenda

lumbung
celeiro

bale jemari
fardo de palha

lapangan
campo

kuda
cavalo

kereta gandeng
reboque

anak kuda
potro

traktor
trator

keledai
burro

domba
ovelha

domba
cordeiro

kambing	sapi	betis
cabra	vaca	bezerro

babi	celeng	banteng
porco	leitão	touro

angsa

ganso

bebek

pato

anak ayam

pintinho

ayam

galinha

ayam jantan

galo

tikus

ratazana

kucing

gato

tikus

camundongo

lembu

boi

anjing

cachorro

rumah anjing

casinha do cachorro

selang

mangueira de jardim

penyiram

regador

sabit

foice

bajak

arado

sabit

foice

cangkul

enxada

garpu rumput

forquilha

kapak

machado

gerobak

carrinho de mão

palung

manjedoura

kaleng susu

jarra de leite

karung

saco

pagar

cerca

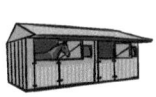

kandang

estábulo

rumah kaca

estufa

tanah

solo

benih

semente

pupuk

fertilizante

mesin pemanen

colheitadeira

panen

colher

panen

colheita

yams

inhame

gandum

trigo

kedelai

soja

kentang

batata

jagung

milho

lobak

colza

pohon buah

árvore frutífera

singkong

mandioca

sereal

cereais

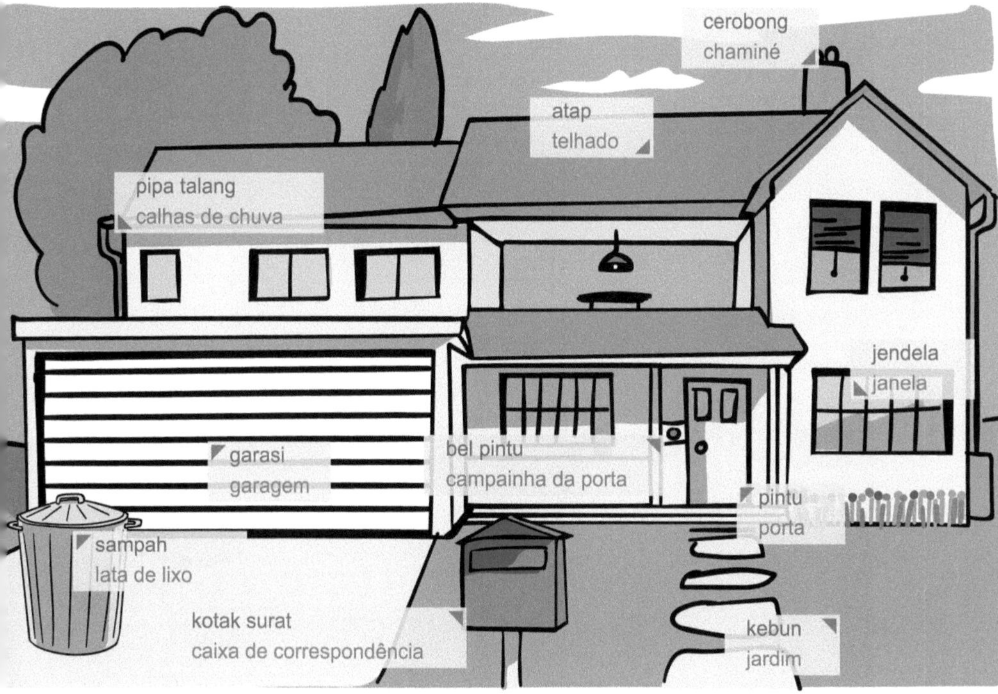

cerobong
chaminé

atap
telhado

pipa talang
calhas de chuva

jendela
janela

garasi
garagem

bel pintu
campainha da porta

pintu
porta

sampah
lata de lixo

kotak surat
caixa de correspondência

kebun
jardim

ruang tamu

sala de estar

kamar mandi

banheiro

dapur

cozinha

kamar tidur

quarto de dormir

kamar anak

quarto de criança

kamar makan

sala de jantar

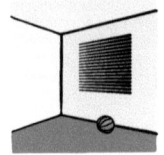

lantai

chão

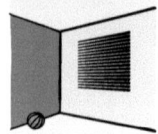

tembok

parede

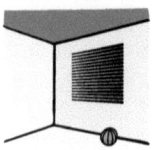

atap

teto

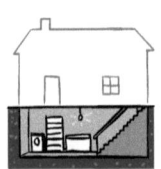

gudang di bawah tanah

porão

sauna

sauna

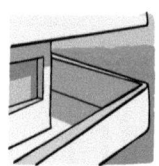

balkon

varanda

teras

terraço

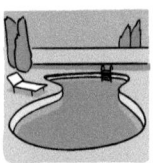

kolam renang

piscina

mesin pemotong rumput

cortador de grama

sprei

lençol

selimut

coberta

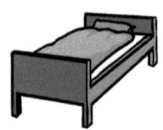

tempat tidur

cama

sapu

vassoura

ember

balde

tombol

interruptor

ruang tamu
sala de estar

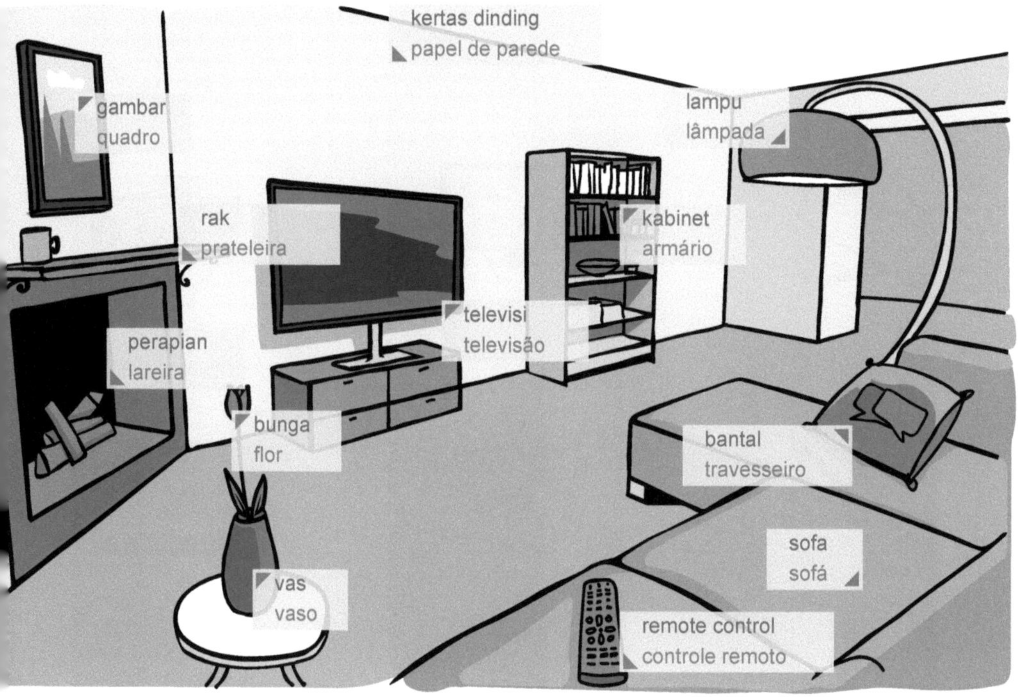
kertas dinding
papel de parede
gambar
quadro
lampu
lâmpada
rak
prateleira
kabinet
armário
televisi
televisão
perapian
lareira
bunga
flor
bantal
travesseiro
sofa
sofá
vas
vaso
remote control
controle remoto

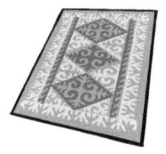

karpet

tapete

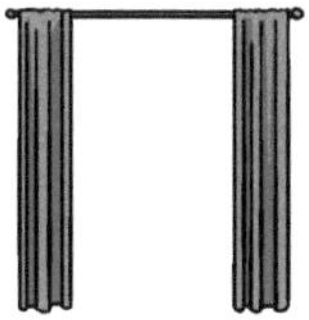

korden

cortina

meja

mesa

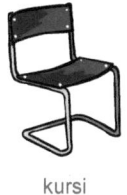

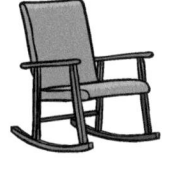

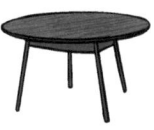

kursi

cadeira

kursi goyang

cadeira de balanço

kursi malas

poltrona

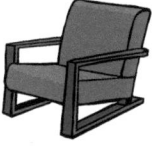

buku

livro

selimut

cobertor

dekorasi

decoração

kayu bakar

lenha

filem

filme

hi-fi

equipamento de som

kunci

chave

koran

jornal

lukisan

pintura

poster

pôster

radio

rádio

buku tulis

bloco de notas

penyedot debu

aspirador

kaktus

cacto

lilin

vela

dapur
cozinha

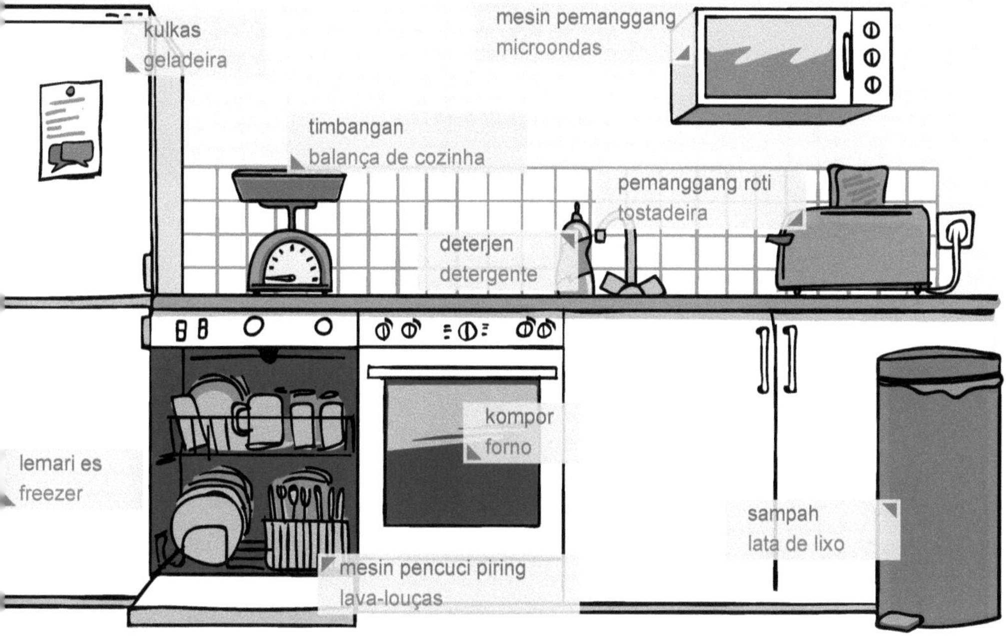
kulkas
geladeira
mesin pemanggang
microondas
timbangan
balança de cozinha
pemanggang roti
tostadeira
deterjen
detergente
kompor
forno
lemari es
freezer
sampah
lata de lixo
mesin pencuci piring
lava-louças

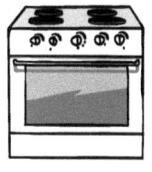

kompor
fogão

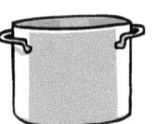

panci
panela

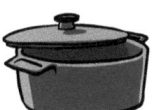

panci besi
panela de ferro

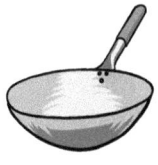

wajan
wok / kadai

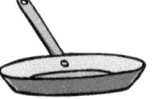

panci
frigideira

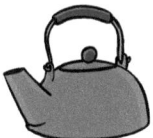

pemanas air
chaleira

panci pengukus makanan

panela a vapor

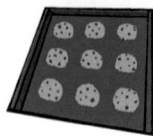

nampan

tabuleiro de forno

piring

louça

cangkir

caneca

mangkok

caçarola

sumpit

hashi

sendok sup

concha de sopa

sudip

espátula

mengocok

batedor

saringan

escorredor

saringan

peneira

parutan

ralador

mortir

almofariz

barbeque

churrasqueira

api terbuka

lareira

papan memotong

tábua de cortar

gilingan

rolo da massa

alat pembuka botol

saca-rolhas

kaleng

lata

pembuka kaleng

abridor de latas

pegangan panci

pegador de panela

wastafel

pia

sikat

escova

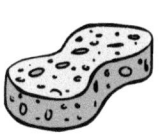

busa

esponja

mesin pencampur

liquidificador

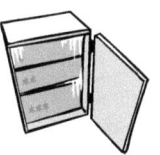

lemari es

congelador

botol bayi

mamadeira

keran

torneira

kamar mandi

banheiro

mesin pemanas
aquecimento
handuk
toalha
mandi
ducha
tirai kamar mandi
cortina de chuveiro
mandi busa
banho de espuma
bak mandi
banheira
gelas
copo
mesin cuci
lava-roupa
keran
torneira
ubin
azulejos
pispot
penico
wastafel
pia

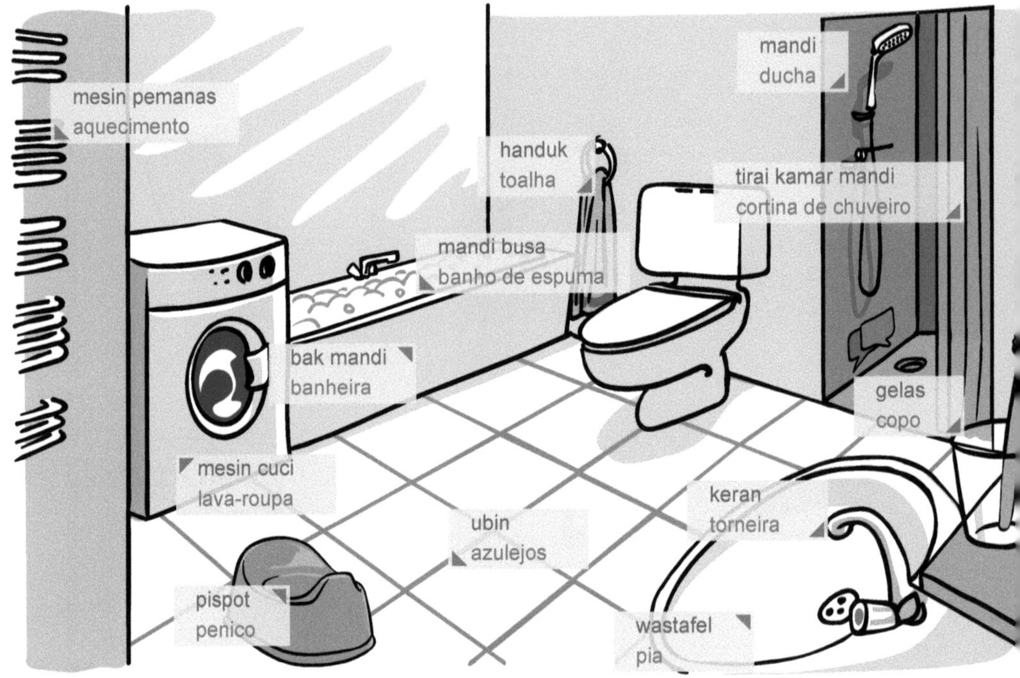

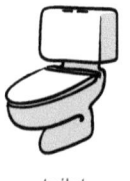

toilet
vaso sanitário

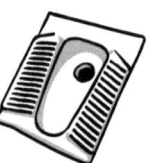

toilet jongkok
lavabo de agachar

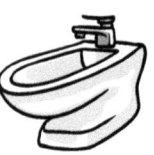

bidet
bidê

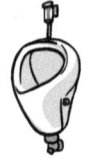

pissoir
mictório

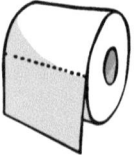

kertas toilet
papel higiênico

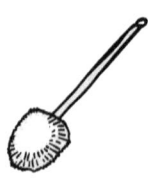

sikat toilet
escova de privada

sikat gigi
escova de dentes

pasta gigi
pasta de dentes

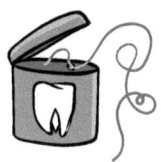

benang gigi
fio dental

menyuci
lavar

pancuran tangan
ducha de mão

pancuran
ducha íntima

bak
bacia

sikat punggung
escova para as costas

sabun
sabonete

gel mandi
gel de banho

sampo
xampu

planel
toalha de rosto

kuras
escoamento

krim
creme

deodoran
desodorante

kaca

espelho

cermin tangan

espelho de mão

pisau cukur

barbeador

busa cukur

espuma de barbear

aftershave

loção pós-barba

sisir

pente

sikat

escova

alat pengering rambut

secador de cabelo

semprot rambut

spray de cabelo

makeup

maquiagem

lipstik

batom

cat kuku

esmalte de unhas

kapas

algodão

gunting kuku

tesoura para unhas

minyak wangi

perfume

kantong pencuci

nécessaire

bangku

banquinho

timbangan

balança

mantel mandi

roupão de banho

sarung tangan karet

luvas de borracha

tampon

absorvente interno

handuk pembalut

absorvente íntimo

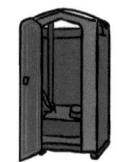

toilet kimia

banheiro químico

kamar anak
quarto de criança

jam alarm
despertador
boneka tidur
boneco de pelúcia
mobil-mobilan
carrinho de brinquedo
kelintung
chacoalho
rumah boneka
casa de bonecas
kado
presente

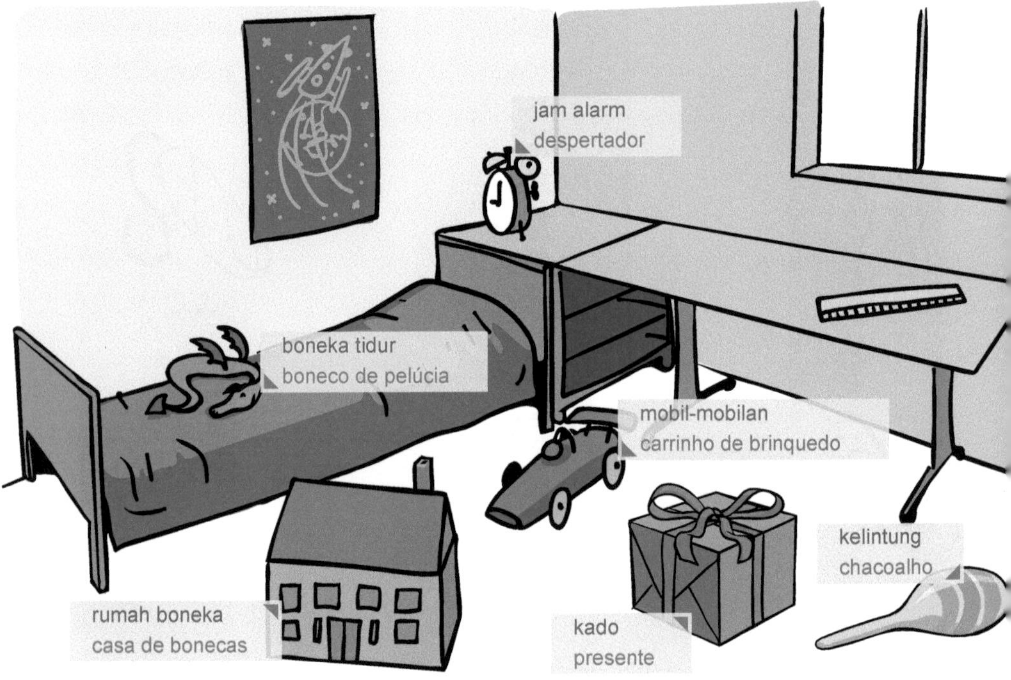

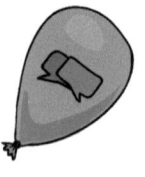

balon
balão

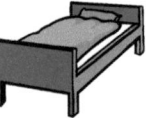

tempat tidur
cama

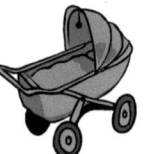

kereta bayi
carrinho de bebê

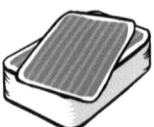

mainan kartu
jogo de cartas

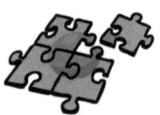

teka-teki
quebra-cabeças

komik
revista de quadrinhos

mainan lego
peças de Lego

blok mainan
blocos de construção

figur aksi
figura de ação

baju monyet
macaquinho de bebê

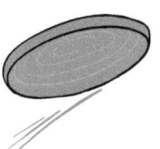

frisbee
frisbee

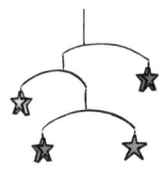

mobile
móbile para bebé

permainan papan
jogo de tabuleiro

dadu
dados

set model kreta api
trenzinho elétrico

dot
chupeta

pesta
festa

buku gambar
livro ilustrado

bola
bola

boneka
boneca

bermain
brincar

tempat main pasir

caixa de areia

ayunan

balanço

mainan

brinquedos

video game konsol

videogame

sepeda roda tiga

triciclo

teddy

ursinho de pelúcia

lemari pakaian

guarda-roupa

pakaian

vestuário

kaos kaki

meias

kaos kaki

meias pelo joelho

baju ketat

meias-calças

syal
cachecol

payung
guarda-chuva

kaos
camiseta

sabuk
cinto

sepatu bot
botas

sandal
chinelos

sepatu
tênis

sandal
....
sandálias

sepatu
....
sapatos

sepatu bot karet
....
botas de borracha

celana dalam
....
roupa de baixo

BH
....
sutiã

baju rompi
....
camiseta de baixo

pakaian - vestuário

45

body
body

celana
calças

jeans
jeans

rok
saia

blus
blusa

kemeja
camisa

aket berkerudung
pulôver

sweater
suéter com capuz

jaket
blazer

jaket
jaqueta

mantel
casaco

jas hujan
gabardine

kostum
traje

gaun
vestido

gaun pengantin
vestido de casamento

setelan resmi

terno

gaun tidur

camisola

piyama

pijama

sari

sari

jilbab

lenço de cabeça

turban

turbante

burka

burca

kaftan

cafetã

abaya

abaya

pakaian renang

maiô

celana renang

sunga

celana pendek

shorts

olah raga

roupa de treino

celemek

avental

sarung tangan

luvas

kancing

botão

kacamata

óculos

gelang

pulseira

kalung

colar

cincin

anel

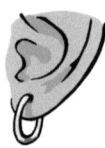

anting

brinco

topi

boné

gantungan mantel

cabide

topi

chapéu

dasi

gravata

ritsleting

zíper

helm

capacete

tali selempang

suspensórios

seragam sekolah

uniforme escolar

seragam

uniforme

oto
....
babador

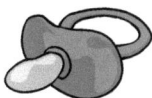

dot
....
chupeta

popok
....
fralda

kantor
escritório

server
servidor

lemari arsip
armário de arquivos

pencetak
impressora

layar
monitor

kertas
papel

mouse komputer
mouse

meja kerja
escrivaninha

tempat pengarsipan
pasta

papan tombol
teclado

tempat sampah
cesto de lixo

kursi
cadeira

computer
computador

cangkir kopi
....
xícara de café

kalkulator
....
calculadora

internet
....
internet

laptop
laptop

surat
carta

pesan
mensagem

telepon seluler
celular

jaringan
rede

fotokopi
copiadora

software
software

telepon
telefone

plug soket
tomada

mesin fax
fax

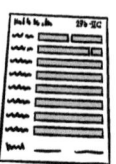

formulir
formulário

dokumen
documento

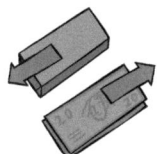

membeli

comprar

membayar

pagar

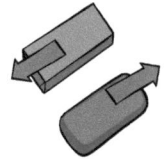

berdagang

negociar

uang

dinheiro

Dollar

Dólar

Euro

Euro

Yen

Yen

Rubel

rublo

Franc Swiss

franco suíço

Renminbi Yuan

renminbi yuan

Rupiah

rupia

ATM

caixa eletrônico

kantor pertukaran mata uang

casa de câmbio

emas

ouro

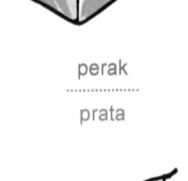

perak

prata

minyak

petróleo

energi

energia

harga

preço

kontrak

contrato

pajak

imposto

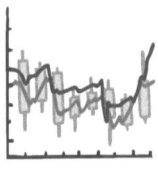

saham

ação

bekerja

trabalhar

karyawan

empregado

majikan

empregador

pabrik

fábrica

toko

loja

ekonomi - economia

petugas polisi
policial

pemadam kebakaran
bombeiro

pemasak
cozinheiro

dokter
médico

pilot
piloto

tukan kebun

jardineiro

tukang kayu

marceneiro

penjahit wanita

costureira

hakim

juiz

ahli kimia

químico

aktor

ator

sopir bis

motorista de ônibus

sopir taksi

motorista de táxi

nelayan

pescador

pembantu

faxineira

tukang atap

telhador

pelayan

garçom

pemburu

caçador

pelukis

pintor

tukang roti

padeiro

tukang listrik

eletricista

pembangun

construtor

insinyur

engenheiro

tukang daging

açougueiro

tukang ledeng

encanador

tukang pos

carteiro

tentara
soldado

arsitek
arquiteto

kasir
caixa

penjual bunga
florista

penata rambut
cabelereiro

konduktor
condutor

montir
mecânico

kapten
capitão

dokter gigi
dentista

ilmuwan
cientista

rabbi
rabino

imam
imam

biarawan
monge

pendeta
pastor

alat

ferramentas

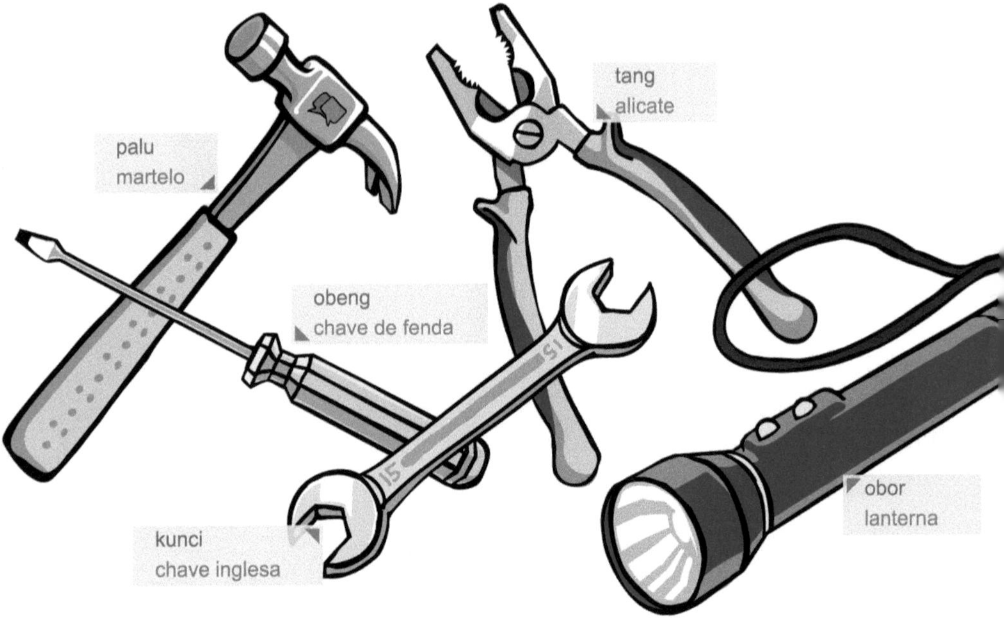
palu
martelo
tang
alicate
obeng
chave de fenda
kunci
chave inglesa
obor
lanterna

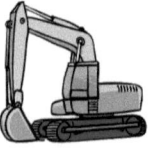

penggali

escavadora

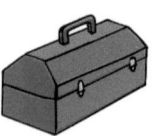

tas perkakas

caixa de ferramentas

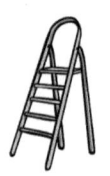

tangga

escada de mão

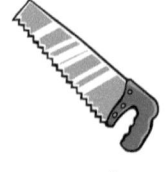

gergaji

serra

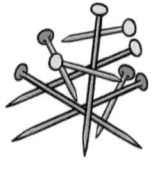

paku

pregos

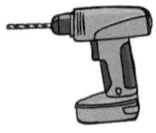

bor

furadeira

perbaikan

consertar

sekop

pá

Sialan!

Droga!

cikrak

pá de lixo

pot cat

pote de tinta

sekrup

parafusos

alat musik

instrumentos musicais

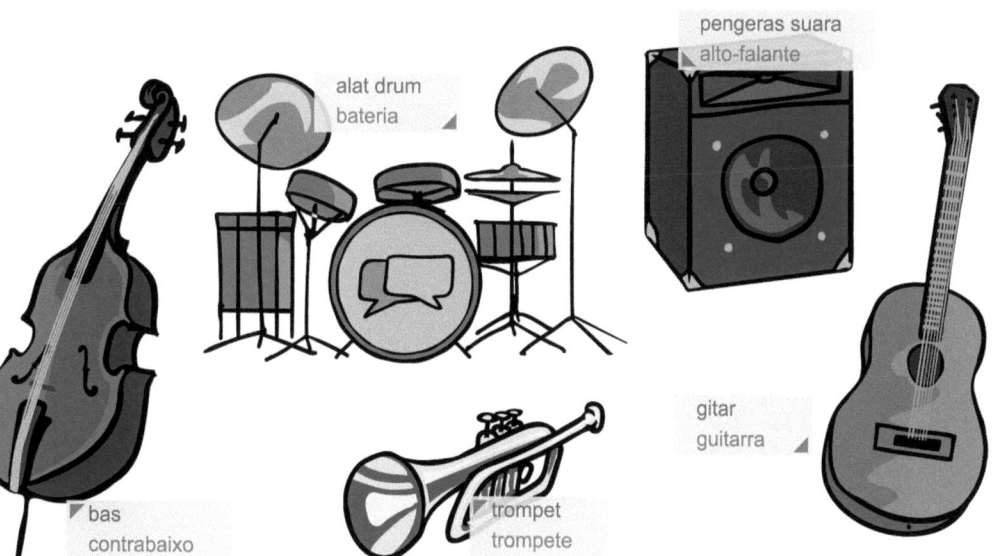

pengeras suara
alto-falante

alat drum
bateria

gitar
guitarra

bas
contrabaixo

trompet
trompete

piano
piano

violin
violino

bass
baixo

tambur
timbales

drum
tambor

keyboard
teclado

saksofon
saxofone

suling
flauta

mikrofon
microfone

kebun binatang
zoológico

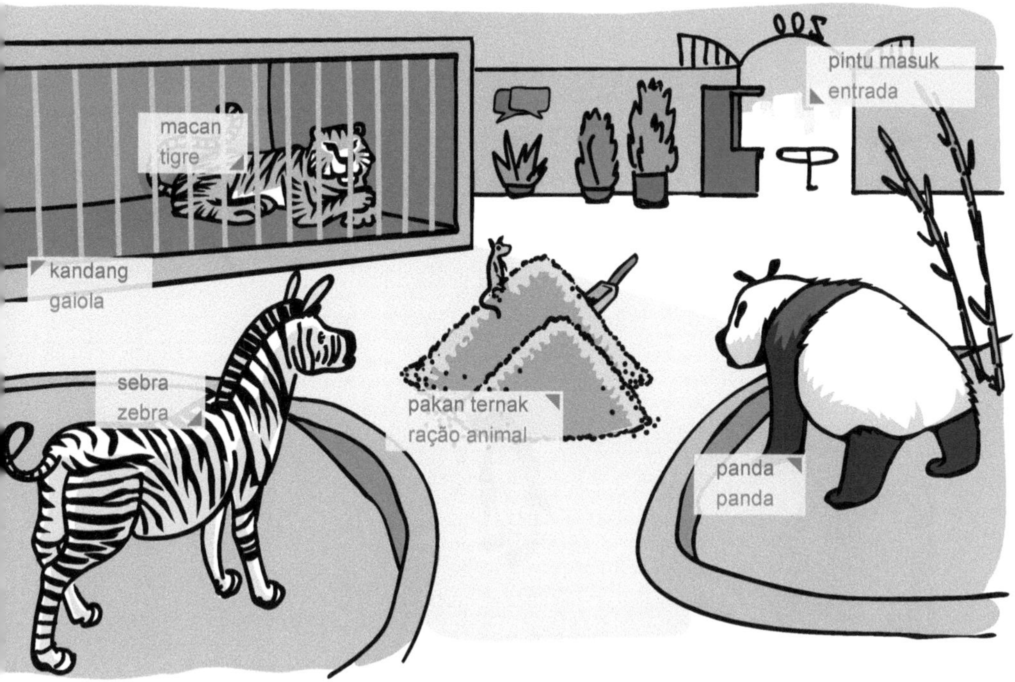

pintu masuk
entrada
macan
tigre
kandang
gaiola
sebra
zebra
pakan ternak
ração animal
panda
panda

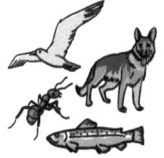

hewan
animais

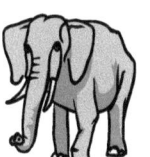

gajah
elefante

kanguru
canguru

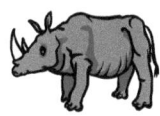

badak
rinoceronte

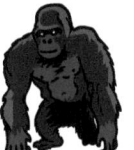

gorila
gorila

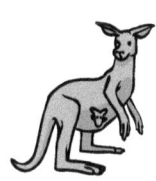

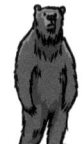

beruang
urso

unta
camelo

burung unta
avestruz

singa
leão

monyet
macaco

flamingo
flamingo

burung beo
papagaio

beruang polar
urso polar

penguin
pinguim

hiu
tubarão

merak
pavão

ular
cobra

buaya
crocodilo

penjaga kebun binatang
guarda do zoológico

segel
foca

jaguar
jaguar

kuda poni

pônei

macan tutul

leopardo

kuda nil

hipopótamo

jerapah

girafa

burung elang

águia

babi jantan

javali

ikan

peixe

kura-kura

tartaruga

anjing laut

morsa

rubah

raposa

kijang

gazela

american football
futebol americano

naik sepeda
ciclismo

tennis
tênis

basketbal
basquete

bernang
natação

tinju
boxe

hoki es
hóquei no gelo

sepak bola
futebol

badminton
badminton

atletik
atletismo

bola tangan
handebol

main ski
esqui

polo
polo

meloncat
pular

memeluk
abraçar

ketawa
rir

berjalan
andar

menyanyi
cantar

berdoa
rezar

mencium
beijar

mengimpi
sonhar

menulis
escrever

melukis
desenhar

menunjuk
mostrar

mendorong
empurrar

memberikan
dar

mengambil
tomar

mempunyai
ter

melakukan
fazer

adalah
ser

berdiri
ficar de pé

berlari
correr

menarik
puxar

melempar
jogar

jatuh
cair

tidur
deitar

menunggu
esperar

membawa
carregar

duduk
sentar

berpakaian
vestir

tidur
dormir

bangun
despertar

melihat
olhar para

menangis
chorar

mengelus
acariciar

menyisir
pentear

berbicara
falar

mengerti
entender

menanyak
perguntar

mendengar
ouvir

minum
beber

makan
comer

merapikan
arrumar

cinta
amar

memasak
cozinhar

menyetir
dirigir

terbang
voar

berlayar

velejar

menghitung

calcular

membaca

ler

belajar

aprender

bekerja

trabalhar

menikah

casar

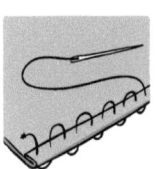

menjahit

costurar

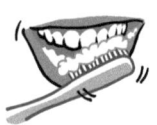

sikat gigi

escovar os dentes

membunuh

matar

merokok

fumar

kirim

enviar

nenek
avó

kakek
avô

bapak
pai

ibu
mãe

bayi
bebê

putri
filha

putra
filho

tamu
convidado

bibi
tia

paman
tio

kakak laki
irmão

kakak perempuan
irmã

badan

corpo

dahi
testa
mata
olho
bahu
ombro
jari
dedo
muka
rosto
dagu
queixo
tangan
mão
kaki
perna
payudara
peito
lengan
braço

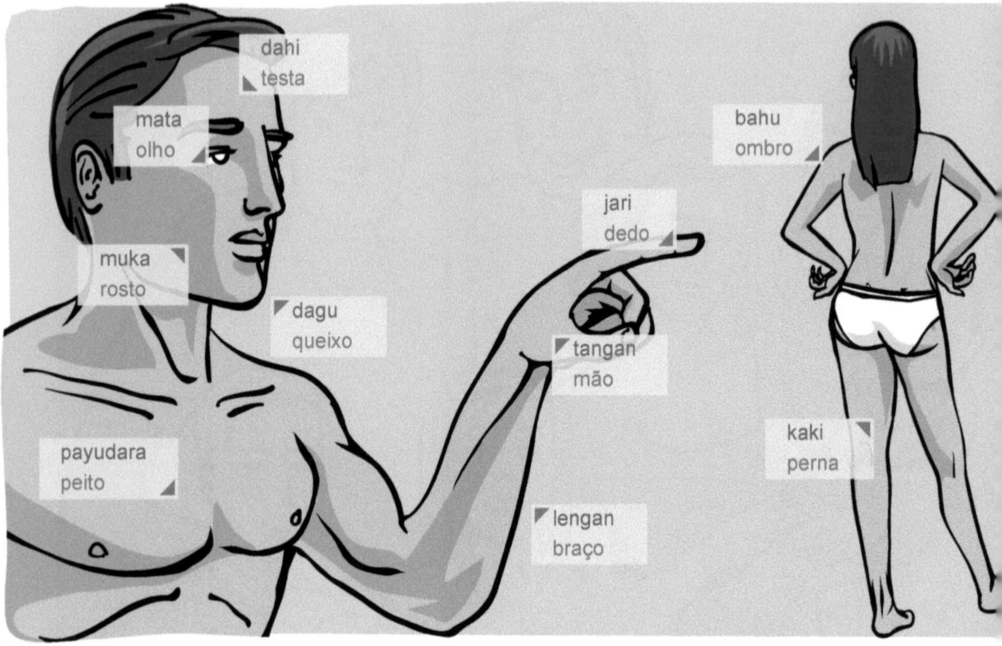

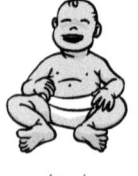

bayi

bebê

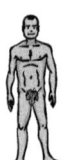

pria

homem

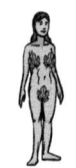

wanita

mulher

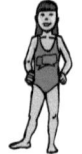

perempuan

menina

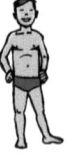

laki

menino

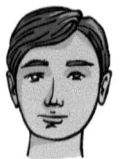

kepala

cabeça

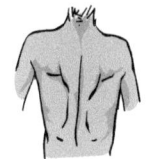

punggung

costas

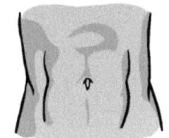

perut

barriga

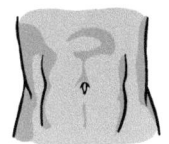

pusar

umbigo

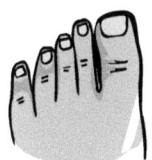

toe

dedo do pé

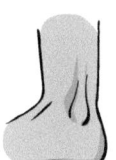

tumit

calcanhar

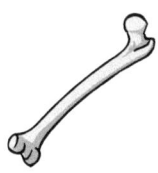

tulang

osso

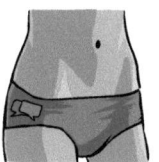

pinggang

anca

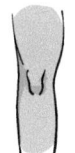

lutut

joelho

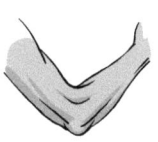

siku

cotovelo

hidung

nariz

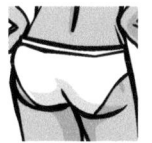

pantat

nádegas

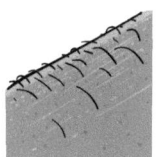

kulit

pele

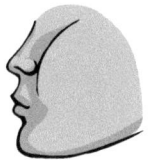

pipi

bochecha

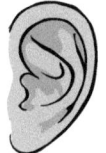

telinga

orelha

bibir

lábio

mulut

boca

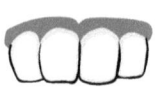

gigi

dente

lidah

língua

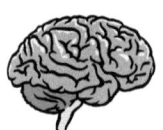

otak

cérebro

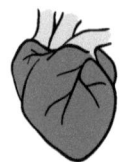

jantung

coração

otot

músculo

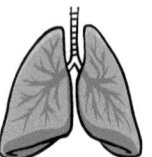

paru-paru

pulmão

hati

fígado

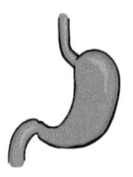

stomach

estômago

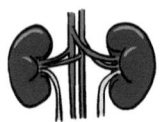

ginjal

rins

hubungan seks

relações sexuais

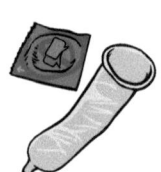

kondom

preservativo

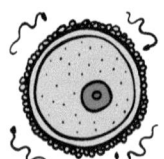

sel telur

óvulo

sperma

esperma

kehamilan

gravidez

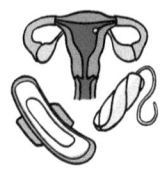

menstruasi

menstruação

vagina

vagina

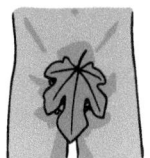

penis

pênis

alis

sobrancelha

rambut

cabelo

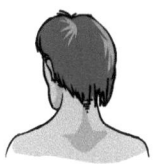

leher

pescoço

rumah sakit
hospital

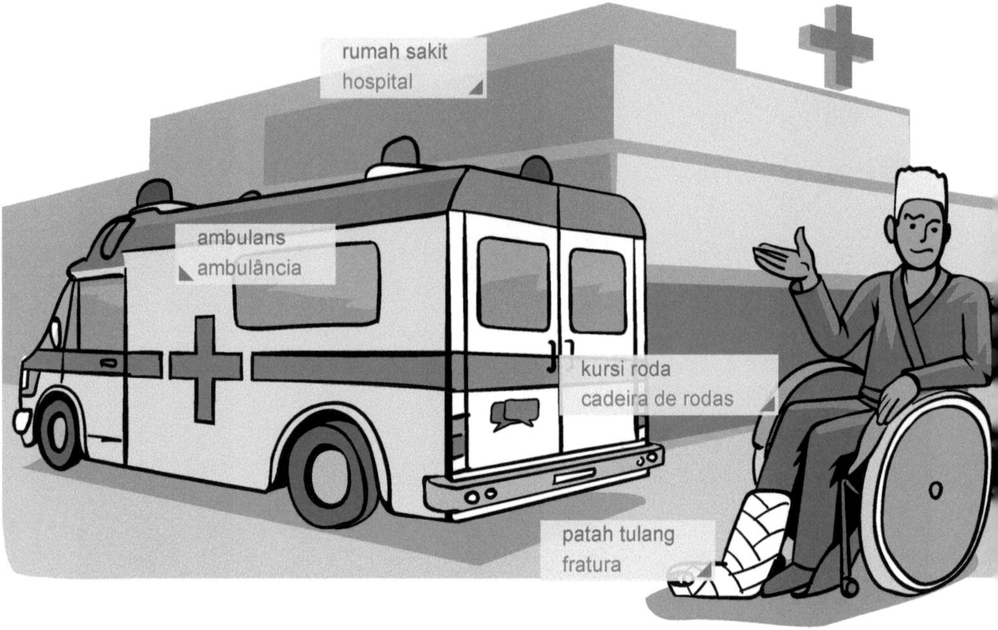

rumah sakit
hospital
ambulans
ambulância
kursi roda
cadeira de rodas
patah tulang
fratura

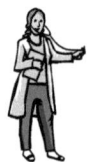

dokter

médico

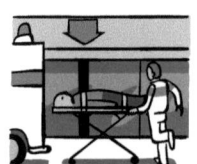

ruang darurat

pronto-socorro

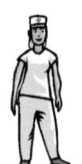

perawat

enfermeira

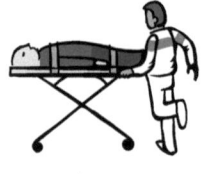

darurat

emergência

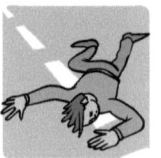

semaput

inconsciente

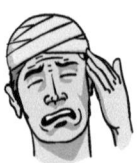

sakit

dor

cedera

ferimento

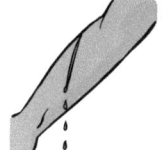

perdarahan

hemorragia

serangan jantung

ataque cardíaco

stroke

cidente vacular cerebral

alergi

alergia

batuk

tosse

demam

febre

flu

gripe

diare

diarreia

sakit kepala

dor de cabeça

kanker

câncer

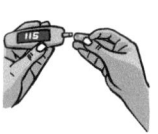

diabetes

diabetes

ahli bedah

cirurgião

pisau bedah

bisturi

operasi

operação

CT
CT

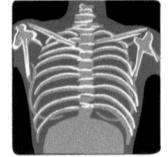

sinar x
raio x

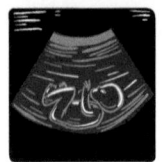

usg
ultrassom

topeng
máscara

penyakit
doença

ruang tunggu
sala de espera

penyokong
muleta

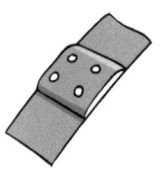

plester
bandeide

perban
ligadura

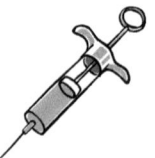

injeksi
injeção

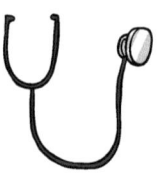

stetoskop
estetoscópio

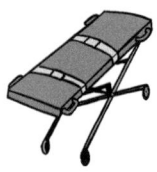

usungan
maca

termometer klinis
termômetro

kelahiran
nascimento

kelebihan berat badan
excesso de peso

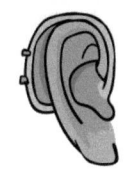

alat pendengar

aparelho auditivo

desinfektan

desinfetante

infeksi

infecção

virus

vírus

HIV / AIDS

HIV / AIDS

obat

medicamento

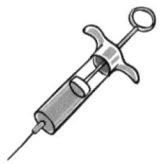

vaksinasi

vacinação

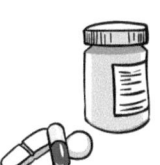

tablet

comprimidos

pil

pílula

panggilan darurat

chamada de emergência

ukur tekanan darah

dispositivo de medição de
pressão arterial

sakit / sehat

doente / saudável

Tolong!

Socorro!

penyerbuan

assalto

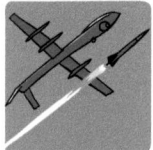

serangan

ataque

bahaya

perigo

pintu darurat

saída de emergência

alarm

alarme

Api!

Fogo!

alat pemadam kebakaran

extintor de incêndios

kecelakaan

acidente

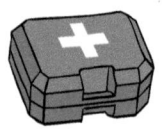

kit pertolongan pertama

maleta de primeiros
socorros

SOS

SOS

polisi

polícia

Eropa

Europa

Amerika Utara

América do Norte

Amerika Selatan

América do Sul

Afrika

África

Asia

Ásia

Australi

Austrália

Atlantik

Atlântico

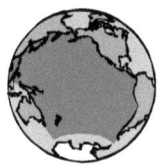

Pasifik

Pacífico

Samudra India

Oceano Índico

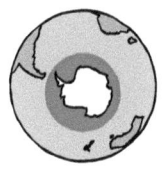

Samudra Antartika

Oceano Antártico

Samudra Arktik

Oceano Ártico

kutub utara

Polo Norte

kutub selatan

Polo Sul

Antarktika

Antártica

bumi

Terra

tanah

terra

laut

mar

pulau

ilha

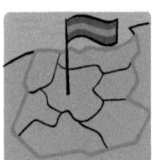

bangsa

nação

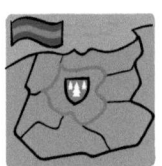

negara

estado

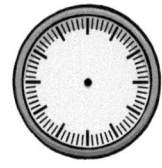

jam wajah

mostrador do relógio

jarum pendek

ponteiro das horas

jarum menit

ponteiro dos minutos

jarum detik

ponteiro dos segundos

Jam berapa?

Que horas são?

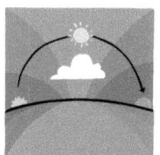

hari

dia

waktu

tempo

sekarang

agora

jam digital

relógio digital

menit

minuto

jam

hora

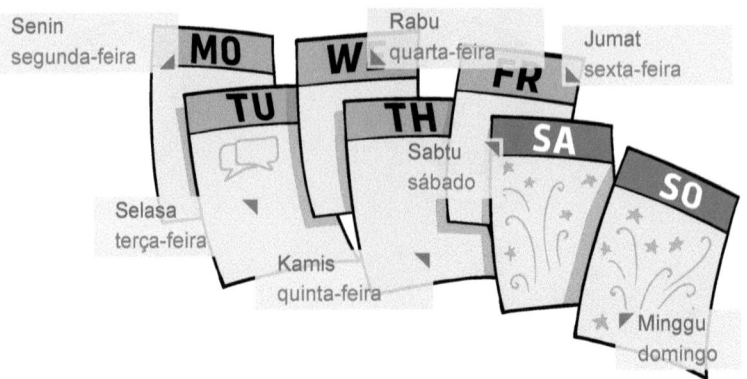

Senin
segunda-feira

Selasa
terça-feira

Rabu
quarta-feira

Kamis
quinta-feira

Jumat
sexta-feira

Sabtu
sábado

Minggu
domingo

kemaren

ontem

hari ini

hoje

besok

amanhã

pagi

manhã

siang

meio-dia

malam

entardecer

MO	TU	WE	TH	FR	SA	SU
1	2	3	4	5	6	7
8	9	10	11	12	13	14
15	16	17	18	19	20	21
22	23	24	25	26	27	28
29	30	31	1	2	3	4

hari kerja

dias úteis

MO	TU	WE	TH	FR	SA	SU
1	2	3	4	5	6	7
8	9	10	11	12	13	14
15	16	17	18	19	20	21
22	23	24	25	26	27	28
29	30	31	1	2	3	4

akhir minggu

fim de semana

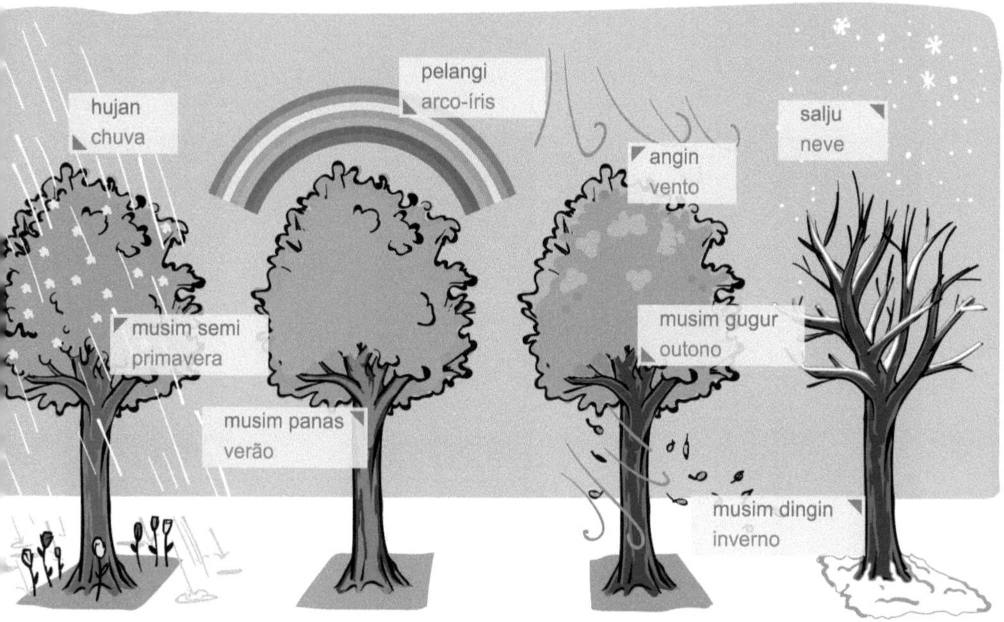

hujan
chuva
pelangi
arco-íris
salju
neve
angin
vento
musim semi
primavera
musim gugur
outono
musim panas
verão
musim dingin
inverno

4.APRIL 11°
5.APRIL 4°
6.APRIL 13°
7.APRIL 8°
8.APRIL 10°

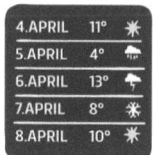

ramalan cuaca

previsão do tempo

F
C
120
90
60
30
0
-30
40
30
20
10
0
-10
-20

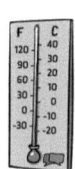

termometer

termômetro

matahari

raio de sol

awan

nuvem

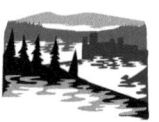

kabut

neblina / nevoeiro

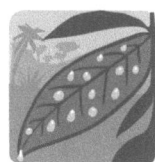

kelembahan

umidade do ar

kilat

relâmpago

guntur

trovão

badai

tempestade

hujan es

granizo

monsun

monção

banjir

inundação

es

gelo

Januari

janeiro

Februari

fevereiro

Maret

março

April

abril

Mei

maio

Juni

junho

Juli

julho

Agustus

agosto

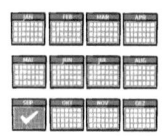

September
....
setembro

Oktober
....
outubro

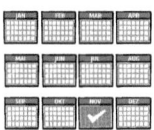

November
....
novembro

Desember
....
dezembro

bentuk
formas

lingkaran
....
círculo

persegi
....
quadrado

persegi panjang
....
retângulo

segi tiga
....
triângulo

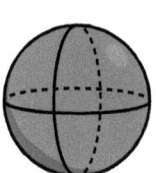

bola
....
esfera

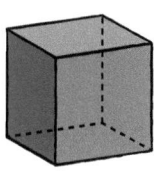

kubus
....
cubo

warna-warna

cores

putih
....
branco

kuning
....
amarelo

oranye
....
laranja

pink
....
rosa

merah
....
vermelho

ungu
....
lilás

biru
....
azul

hijau
....
verde

coklat
....
marrom

abu-abu
....
cinza

hitam
....
preto

banyak / sedikit

muito / pouco

marah / tenang

furioso / tranquilo

cantik / jelek

lindo / feio

mulaih / selesai

começo / fim

besar / kecil

grande / pequeno

terang / gelap

claro / escuro

saudara laki-laki / saudara perempuan

irmão / irmã

bersih / kotor

limpo / sujo

lengkap / tidak lengkap

completo / incompleto

hari / malam

dia / noite

mati / hidup

morto / vivo

luas / sempit

largo / estreito

dapat dimakan / tidak dapat dimakan

comestível / não comestível

jahat / baik

mau / gentil

bersemangat / bosan

entusiasmado / entediado

gemuk / kurus

gordo / magro

pertama / terakhir

primeiro / último

teman / musuh

amigo / inimigo

penuh / kosong

cheio / vazio

keras / lembut

duro / macio

berat / enteng

pesado / leve

lapar / haus

fome / sede

sakit / sehat

doente / saudável

ilegal / legal

ilegal / legal

cerdas / bodoh

inteligente / idiota

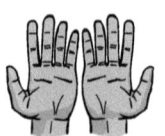

kiri / kanan

esquerda / direita

dekat / jauh

perto / longe

baru / bekas
....
novo / usado

tidak ada apapun / sesuatu
....
nada / alguma coisa

tua / muda
....
velho / jovem

nyala / mati
....
ligado / desligado

buka / tutup
....
aberto / fechado

tenang / keras
....
baixo / alto

kaya / miskin
....
rico / pobre

benar / salah
....
certo / errado

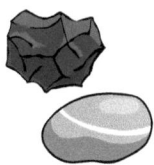

kasar / halus
....
áspero / liso

sedih / gembira
....
triste / feliz

pendek / panjang
....
curto / longo

pelan-pelan / cepat
....
lento / rápido

basah / kering
....
molhado / seco

hangat / sejuk
....
ameno / fresco

perang / damai
....
guerra / paz

angka-angka
números

0	**1**	**2**
nol	satu	dua
zero	um	dois

3	**4**	**5**
tiga	empat	lima
três	quatro	cinco

6	**7**	**8**
enam	tujuh	delapan
seis	sete	oito

9	**10**	**11**
sembilan	sepuluh	sebelas
nove	dez	onze

12

duabelas

doze

13

tigabelas

treze

14

empatbelas

quatorze

15

limabelas

quinze

16

enambelas

dezesseis

17

tujuhbelas

dezessete

18

delapanbelas

dezoito

19

sembilanbelas

dezenove

20

duapuluh

vinte

100

seratus

cem

1.000

seribu

mil

1.000.000

juta

milhão

Inggris

inglês

bahasa Inggris Amerika

inglês americano

bahasa Cina Mandarin

chinês mandarim

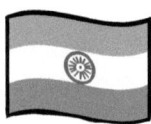

bahasa Hindi

hindi

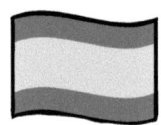

bahasa Spanyol

espanhol

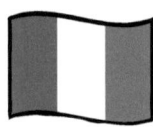

bahasa Perancis

francês

bahasa Arab

árabe

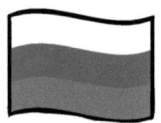

bahasa Rusia

russo

bahasa Portugis

português

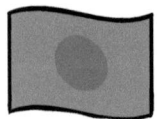

bahasa Bengal

bengalês

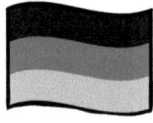

bahasa Jerman

alemão

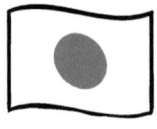

bahasa Jepang

japonês

saya

eu

kamu

você

dia

ele / ela

kita

nós

kalian

vocês

mereka

eles / elas

siapa?

quem?

apa?

O quê?

begaimana?

como?

dimana?

onde?

kapan?

Quando?

nama

nome

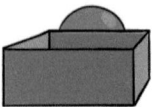

dibelakang

atrás

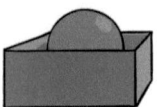

di

em

didepan

na frente de

diatas

sobre

diatas

em cima

dibawah

debaixo

sebelah

do lado

di antara

entre

tempat

lugar